AF371205

STATVTS SYNODAVX

D'ILLVSTRISSIME
ET REVERENDISSIME

Messire

CHARLES DE BOVRLON,

EVESQVE DE SOISSONS,
CONSEILLER DV ROY ORDINAIRE·
en tous ses Conseils.

POVR LE REGLEMENT DE SON DIOCESE.

A PARIS,

De l'Imprimerie d'Antoine Vitré , Imprimeur
ordinaire du Roy, & du Clergé de France.

M. DC. LVIII.

MANDEMENT
DE MONSEIGNEVR
l'Illuſtriſſime & Reuerendiſſime
EVESQVE DE SOISSONS,
pour la publication & obſeruance
de ſes Statuts Synodaux.

 HARLES *par la grace de Dieu, & du S. Siege Apoſtolique Eueſque de Soiſſons : Aux Doyens ruraux, Superieurs & Superieures des Maiſons Regulieres, Curez, Vicaires, & Preſtres habi-*
tuez en noſtre Dioceſe, Salut en noſtre Seigneur. Comme ainſi ſoit que trois choſes partagent tous les ſoins de noſtre Miniſte-re; Le Culte de Dieu, La diſcipline Eccleſiaſtique, & le Salut des ames : Nous nous ſommes efforcez, dés le moment qu'il a plû à la diuine Bonté, nous eſleuer à la dignité Epiſcopale, de ſatisfaire aux principales obligations de noſtre Charge, en renouuelant la publication des Statuts de feu Meſſire Simon le Gras noſtre Predeceſſeur d'heureuſe memoire, & en imitant le zele que ce grand Prelat a fait paroiſtre pendant ſa vie, pour eſtablir l'vniformité du Seruice diuin dans tous les lieux de ſa juriſdiction, pour maintenir la diſcipline Ec-cleſiaſtique dans ſa vigueur, & auancer cét ouurage ſi im-portant de la redemption des ames, pour leſquelles IESVS-CHRIST *eſt mort. Mais quelque ſoin que nous ayons*

A ij

apportez pour faire reüßir vn si pieux dessein, Nous auons reconnu dans le cours de nos Visites, que nos Reglemens n'estoient pas obseruez, parce qu'ils n'estoient pas assez connus ny suffisamment diuulguez; & auons remarqué presque dans toutes nos Paroisses, vne diuersité notable tant pour le Seruice diuin, que pour l'administration des Sacremens; vn relaschement de la discipline Ecclesiastique, visible en la conduite de plusieurs; & beaucoup d'abus que la coustume & l'ignorance ont autorisez parmy le peuple. Pour arrester lesquels desordres, Nous n'auons point trouué de meilleur expedient, ny de remede plus prompt & plus efficace que de faire imprimer lesdits Statuts & Reglemens, que Nous voulons estre exactement obseruez dans nostre Diocese, pour la gloire de Dieu, & l'vtilité des ames; & que Nous ordonnons estre enuoyez par tout à la diligence de nostre Promoteur, & publiez dans toutes les Eglises de nostre Diocese le Dimanche apres la reception desdits Reglemens, & tous les ans le premier Dimanche de Caresme; afin que personne n'en ignore. Fait à Soissons en nostre Palais Episcopal le 4. jour de Iuin, 1658.

CHARLES, Euesque de Soissons.

Par commmandement de Monseigneur,
Monseigneur l'Euesque de Soissons. LAGNIER.

STATVTS SYNODAVX

DE MESSIRE

CHARLES DE BOVRLON,

EVESQVE DE SOISSONS.

DV SERVICE DIVIN.

NOvs ordonnons que le Seruice diuin soit fait dans toutès les Paroisses & Eglises de nostre jurisdiction, selon l'vsage de ce Diocese : Et où les Liures necessaires à cét vsage ne se trouuent point, selon l'vsage Romain, accommodé au Seruice du Diocese ; jusques à ce qu'il y soit pourueu par vne nouuelle impression.

Nous voulons que les Ceremonies contenuës au Rituel de feu Messire Charles d'Hacqueuille nostre Predecesseur, soient exactement obseruées en l'administration des Sacremens : & Interdisons par mesme moyen tous autres Rituels ; comme aussi toutes Lyturgies, Prieres & Ceremonies introduites par des particuliers, & qui ne sont point approuuées de Nous ou de nos predecesseurs.

Nous enjoignons à tous Curez de celebrer les Messes paroissiales au grand Autel de la Paroisse, & nullement aux Chapelles particulieres, mesme és jours des Festes de la tres-glorieuse Vierge, du Rozaire, &

A iij

des Saints. Defendons de dire aucune Meſſe baſſe dans l'Egliſe de la Paroiſſe, ny aux Chapelles qui en ſont ſeparées, à l'heure de la Meſſe paroiſſiale, qui ſe dira à huit heures, depuis Paſques juſques à la S. Remy; & à neuf depuis la S. Remy juſques à Paſques. Les Veſpres touſiours à deux heures apres midy; & les Matines entre quatre & cinq du matin, & jamais au ſoir, ſi l'Egliſe ne le preſcrit.

L'Office diuin ſera celebré deuotement par les Curez, ou leurs Vicaires; & defendons aux Clercs qui ne ſont point Preſtres, de chanter en leur place les Veſpres des Samedys ou veilles de Feſte. Il ne ſera rien changé aux fondations & aux obits, ſans noſtre authorité: & ſeront leſdits obits acquittez à raiſon de ce qui a eſté laiſſé par les fondateurs, s'il n'eſt par Nous autrement ordonné.

Les Eccleſiaſtiques traitteront les Myſteres ſacrez auec reuerence: Ils celebreront la ſainte Meſſe, ou y aſſiſteront le Celebrant, ayant la teſte nuë & non couuerte de la calotte ou de l'amict (ſous peine de ſuſpenſion, en cas de meſpris) & imprimeront par vne modeſtie exemplaire, dans l'eſprit des peuples, l'honneur & le reſpect qui eſt deu aux choſes ſaintes.

Les Proceſſions ſe feront ſelon l'vſage de l'Egliſe, & les pieuſes couſtumes des lieux, ſans qu'il ſoit permis de les obmettre. Et afin qu'elles ſe faſſent auec decence & deuotion, nous defendons expreſſément de les accompagner auec armes & tambours, d'y faire porter les ſaintes Reliques, les Baſtons des Saints, & les chandeliers par des filles ou des femmes; & aux

Curez ou Vicaires qui les conduifent de les quitter, pour quelque raifon que ce puiffe eftre.

Nous defendons pareillement toutes proceffions extraordinaires, principalement celles qui fe font hors du Diocefe, ou en des lieux efloignez, & qui obligent à découcher : & fufpendons *ipfo facto*, tous Curez & Ecclefiaftiques qui feront de telles entreprifes fans noftre permiffion expreffe & par efcrit.

DE L'INSTRVCTION.

NOVS enjoignons à tous Curez de faire tous les Dimanches, le Profne comme il eft couché au Manuel de feu noftre predeceffeur, d'heureufe memoire, & y reciter diftinctement le *Pater nofter*, l'*Aue Maria*, & le *Credo*, en Latin & en François, auec les Commandemens de Dieu & ceux de l'Eglife. Ils feront pareillement le Catechifme tous les Dimanches, depuis la Touffaints jufques à la Pentecofte, à l'heure la plus commode au peuple ; & inftruiront deux fois la femaine, dans le temps du Carefme, ceux qui fe prefenteront pour la premiere Communion. Les Curez ou Vicaires qui n'ont pas le talent de parler en public, feront diftinctement & publiquement lecture de quelques articles de la doctrine Chreftienne, contenus audit Manuel.

Les Clercs ne feront receus en aucun lieu de noftre Diocefe, qu'apres eftre approuuez de Nous, ou de noftre autorité ; & eftans receus, ils ne pourront eftre congediez fans connoiffance de caufe, referuée

8

à Nous, ou à nos Officiers. Ils ne tiendront tauernes,
& ne feront aucun trafic incompatible auec leurs
Charges. Ils auront les cheueux courts & modeftes,
& porteront toufiours le furplis pendant le Seruice
diuin, mefme la fottane & le bonnet quarré, fi faire
fe peut. Et comme ils font du corps du Clergé, ils receuront les honneurs, l'eau & le pain benits, l'encens,
les rameaux, & autres chofes femblables, auant tous
Seigneurs & Gentilshommes; & precederont en toutes Ceremonies Ecclefiaftiques, toutes perfonnes
laïques de quelque qualité & condition qu'elles
foient, fuiuant les reigles de l'Eglife.

Les Clercs, ou Magifters tiendront leurs efcoles
ouuertes, le matin depuis hui&t heures jufques à on-
ze; & apres midy, depuis deux jufques à cinq. Ils feront repeter le Catechifme aux enfans; & leur defendons fous peine d'excommunication, de receuoir en
leurs efcoles les filles, quelques jeunes qu'elles foient,
que Nous voulons eftre enfeignées par vne perfonne de mefme fexe, qui fera approuuée de Nous, nos
Archidiacres, ou Doyens ruraux.

DES EGLISES ET CIMETIERES.

NOvs ordonnons aux Curez de tenir propre-
ment les Autels, les Vafes facrez, les Nappes,
les Corporaux & Purificatoires, les ornements d'E-
glife, & toutes autres chofes qui concernent le culte
diuin. Les pierres confacrées pour feruir au S. Sacrifi-
ce de la Meffe feront entieres, & d'vne grandeur fuf-
fifante

fifante pour y pofer le Calice & la Patene, finon nous voulons qu'elles foient rompuës. Les Images indecentes ou mutilées, feront reparées ou oftées entierement. Les Eglifes feront nettoyées tous les huit jours, & les Cimetieres fermez; en forte que les beftiaux n'y puiffent entrer; à faute dequoy ils feront interdits. L'on ne fera fous le Porche des Eglifes, **ny dans les Cimetieres aucune Affemblée, ny action prophane, comme plaids, jeux, ou foires:** l'on n'y plantera point d'arbres fruitiers, & l'herbe n'en poura eftre fauchée, que pour le profit des Fabriques qui n'ont point de reuenu.

Nous deffendons expreffement à toutes perfonnes de faire bruit, ny de commettre aucune irreuerence dans les Eglifes, & particulierement és Ceremonies du Baptefme & du Mariage: d'exiger en ces rencontres de l'argent & du vin, ny de s'ingerer à fonner les cloches, ce qui n'appartiendra qu'à ceux qui ont accouftumé de fonner le feruice diuin: Enjoignons aux Curez d'y tenir la main & de deferer les contreuenans à noftre Promoteur.

Nous enjoignons à tous Curez de prendre la premiere place à main droite en entrant dans le Chœur, & aux Ecclefiaftiques d'occuper les fuiuantes, preferablement à tous autres. Il n'y aura point dans le Chœur de clofture ny aucun banc de feculiers, qui caufe empefchement au Seruice diuin, & qui ne foit à neuf pieds loing de l'Autel. Il n'eft pas permis aux femmes de fe placer dans le Chœur, ny de preceder les hommes à l'Offrande ou à la Proceffion, &

exhortons les femmes des Seigneurs & Gentil-hom-
mes, de donner en ce rencontre des marques de leur
modeſtie, & de leur ſoûmiſſion aux ordres de l'E-
gliſe.

DE L'VSAGE ET ADMINISTRATION
DES SACREMENTS.

DV BAPTESME.

LE Baptefme ne fera differé aux enfans plus de
trois iours apres leur naiſſance, & ne pourra
eſtre adminiſtré ſans neceſſité, que dans l'Egliſe &
auec les ceremonies accouſtumées : Deffendons à
tous Eccleſiaſtiques ſous peine de ſuſpenſion de leur
Ordre *ipſo faſto*, & à toutes perſonnes laïques, Sages-
femmes, peres & meres & tous autres, ſous peine
d'excommunication qu'ils encoureront en ce fai-
ſant, d'aſſurer ou ondoyer les enfans, ou les faire ondoyer & baptizer en la maiſon ſans vn peril proba-
ble de mort. Et en cas que l'enfant ſoit ondoyé, le
Curé aura ſoin de ſuppléer au deffaut des ceremonies, auſſi-toſt qu'il poura eſtre porté à l'Egliſe ſans
danger.

Les parrains auront au moins quatorze ans & les
marraines douze, & ne ſeront point receus, s'ils ne
ſçauent les myſteres de la Foy. Les Sages-femmes
ſeront interrogées ſur la matiere & la forme de ce
Sacrement, & ne feront point de fonction, qu'elles
ne ſoient jugées capables par le Curé.

DE LA CONFIRMATION.

Nous enjoignons aux Curez d'inſtruire leurs Pa-roiſſiens de l'importance & dignité de ce Sacrement, & des diſpoſitions qu'il demande ; afin qu'ils ne negligent pas de le receuoir quand l'occaſion s'en preſentera, ou qu'ils ne le prophanent pas en le re-ceuant. Ce Sacrement ne ſe reitere point, & ne veut eſtre conferé qu'à ceux qui ont l'vſage de la raiſon, & qui ſont dans vn eſtat de grace.

DE LA PENITENCE.

Nous deffendons conformément au S. Concile de Trente ſous peine d'excommunication, *ipſo facto*, à tous Preſtres, tant Seculiers que Reguliers, meſ-me faiſans la fonction de Predicateurs, & n'ayans charge des ames des ſeculiers, de confeſſer & abſou-dre en noſtre Dioceſe, s'ils ne ſont approuuez de Nous ou de nos grands Vicaires, par eſcrit: declarons leurs abſolutions nulles : deffendons à tous Curez d'admettre aucun Preſtre à confeſſer, s'il ne leur ap-paroiſt de noſtre permiſſion, licence & approbation par eſcrit. Les Confeſſeurs approuuez pour vn lieu, ne pourront confeſſer en vn autre; ny vn Curé abſou-dre les Paroiſſiens d'vn autre, que de ſon conſente-ment, ou qu'auec noſtre permiſſion.

Les Curez ne pourront adminiſtrer le Sacrement de Penitence, dans les maiſons ſans neceſſité, & ne confeſſeront dans leurs Egliſes, qu'à des heures & en des lieux qui ne pourront eſtre ſuſpects.

Nous deffendons à tous nos Diocefains de fe confeffer au temps de Pafques, ailleurs qu'en leurs Paroiffes, fans noftre permiffion ou celle du Curé. Nous
enjoignons aux malades attaquez de maladie dan-
gereufe, d'appeller au troifiefme jour leurs Curez, ou
autres Confeffeurs approuuez de nous, auec la licence du Curé qui leur fera facilement accordée : & aux
Medecins & autres faifans profeffions de medecine,
d'auertir lefdits malades, dés le commencement de
leur maladie du peril dont ils font menacez, & le
troifiefme jour paffé de les porter à fe confeffer,
mefme par le refus des remedes, fi befoin eft, fous
les peines portées par le Concile de Latran.

DE L'EVCHARISTIE.

Nous voulons qu'en toutes les Eglifes de noftre
Diocefe, il y ait vn Tabernacle pour refferer le faint
Sacrement, qui ne poura eftre expofé tant par les
feculiers que reguliers, hors le iour & les Octaues de
la Fefte Dieu, fans noftre permiffion par efcrit. Il
fera porté aux malades par le Preftre ayant la tefte
nuë, & reueftu de furplis & d'eftolle ; & fera admini-
ftré dans l'Eglife auec le mefme refpect. Les Paroiffiens font obligez de le receuoir en leur Paroiffe pendant la quinzaine de Pafques, & les Curez venans
au Synode, auront foin de deferer à noftre Promoteur ceux qui n'y auront point fatisfait.

DE L'EXTREME-ONCTION.

L'Extreme-Onction eftant inftituée pour le fou-
lagement des malades, tant à l'égard de l'efprit que
du corps, ne doit eftre differée à l'extremité des ma-

ladies, & ſuffit qu'il y ait danger de mort : Elle ne doit pas eſtre refuſée aux malades, qui ont perdu le ſentiment & la raiſon, & qui n'ayans pas eu le temps de ſe confeſſer, ſont neantmoins preſumez eſtre en diſpoſition de receuoir la grace de ce Sacrement, par les teſmoignages precedens d'vne vie veritablement Chreſtienne : Mais auſſi ne doit-elle pas eſtre accordée aux excommuniez, aux infames & aux pecheurs endurcis, qui ont negligé dans la maladie les auis ſalutaires qu'on leur a donné de ſe reconcilier, & qui ont eſté ſurpris dans l'occaſion prochaine du peché, ſans en auoir teſmoigné aucun regret.

DV MARIAGE.

Les Curez ou Vicaires n'admettront au Sacrement de Mariage, que des perſonnes inſtruites és myſteres de la Foy. Ils ne publieront aucun Ban qu'apres eſtre aſſurez du libre conſentement de la partie qui demeure en leurs Paroiſſes : & en cas que les parties ayent eſté mariées, qu'apres vn certificat public & autentique de la mort du premier eſpoux ou eſpouſe. Les Bans ſeront publiez au Proſne de la Meſſe Paroiſſiale, intelligiblement & clairement en vn jour de Dimanche ou de Feſte chommée, & declarons toutes proclamations de Bans faites autrement, nulles & de nul effet.

Nous deffendons de deliurer aucun certificat de Bans, & d'y auoir égard s'il ne contient l'heure & le jour de la Publication ; Et enjoignons de garder deux jours au moins d'interualle, entre le premier & le ſecond Ban , & vn jour entre la publication du dernier & le Mariage. Les Fiancialles fe feront de jour , en la Paroiffe,& non ailleurs,auant la publication desBans.

Le Mariage fe celebrera en la Nef de l'Eglife, en prefence des proches parens , le Curé ou Vicaire affiftant , quarante jours apres les Fiançailles au plus tard, toûjours apres quatre heures du matin & jamais apres midy.Aucun ne fe fera és jours de Dimanche & de Fefte , non plus qu'és jours de jeune & tous autres, aufquels l'Eglife deffend de manger de la viande.

Nous obligeons fous peine d'excommunication, *ipfo facto* , Tous ceux qui fçauent quelque empefche-ment de confanguinité , affinité ou autre de le decla-rer. Nous excommunions toutes perfonnes qui con-tractent Mariage auec empefchement, qui fe ma-rient clandeftinement , qui forcent la volonté des parties,qui falfifient les Certificats,qui vfent de frau-de ou qui y contribuënt en quelque maniere que ce foit, qui paffent en vn autre Diocefe où Paroiffe pour s'y Marier fous couleur d'eftabliffement. Declarons tels Mariages nuls & de nul effet.

Nous fufpendons,*ipfo facto*, Tous Curez & Preftres qui feront celebrer en leur prefence, Mariage aux enfans de famille fans le confentement des peres & meres, proches parens ou tuteurs, & qui nobferue-ront pas les prefens Reglemens , & ordonnons en outre qu'ils foient condamnez à cent liures d'amen-de applicables en œuures pies.

Les Curez tiendront la main à ce que cette Cere-monie fe paffe fans infolence & fans bruit, & empe-

cheront que les nouuelles mariées ne foient condui-
tes le lendemain du mariage, auec ceremonie à la
Meffe des trefpaffez, comme auffi tous déguifemens
& actions indecentes, contraires à l'honneur des
Temples, & à la faincteté de ce Sacrement.

DE L'ORDRE.

Nous ordonnons à tous ceux qui defireront receuoir l'Ordre de Soufdiacre, de faire publier aux Prof-
nes des Meffes paroiffiales, és lieux de leur demeure,
en trois diuers jours de Dimanche ou Fefte, le deffein
qu'ils ont de fe prefenter à l'Ordination ; afin que fi
quelqu'vn fçait quelque empefchement à leur reception, il ait à le declarer au Curé pour nous en don-
ner auis.

Nul ne fera receu à l'Ordre de Sousdiacre qu'il
n'ait vn Tiltre de cent liures de rente, en Benefice
ou patrimoine : Le reuenu du Benefice fera attefté
par le Chapitre, ou par bons contracts : celuy du patrimoine par trois notables habitans des lieux, auec
bonne caution ; & l'vn & l'autre feront approuuez &
infinuez en noftre Officialité, & promettront les
Ordinans de ne s'en demettre qu'ils n'ayent moyen
affeuré de viure ailleurs commodément.

Les quatre Mineures & l'Ordre de Sousdiacre ne
fe receuront point en mefmes Quatre-temps. Les
Sousdiacres ne fe prefenteront au Diaconat, & les
Diacres à la Preftrife, qu'vn an apres leur Ordination : pendant lequel temps, ils exerceront les fon-
ctions de leurs Ordres auec deuotion & pieté. Ils re-

nouuelleront les attestations de vie & mœurs pour chacun Ordre, auquel ils voudront se presenter : & apporteront certificat de l'exercice de l'Ordre qu'ils auront receu.

DV DEVOIR DES CVREZ,
& autres Ecclesiastiques.

NOvs ordonnons à tous Curez, & ayans charge d'ames, de faire continuelle & actuelle residence en leurs Cures, sans pouuoir s'en absenter que pour quelque affaire importante & approuuée de Nous, de faire leur demeure dans le Presbytere, & de ne point découcher sans necessité. Enjoignons aux Curez qui ont secours, d'auoir des Vicaires approuuez de Nous, ausquels ils donneront des appointemens raisonnables, qui seront par Nous taxez, si besoin est, à la charge d'y resider, & qu'vne demeure leur sera donnée par les habitans des lieux.

Nous ordonnons à tous les Ecclesiastiques de nostre Diocese de mener vne vie irreprehensible & exemplaire, de porter tousiours la tonsure Clericale, la sottane au lieu de leur demeure, & la sottanelle à la campagne. Ils ne diront point la Messe auec le juste au corps ou sottanelle, & leur defendons, à peine d'amande arbitraire, les habits de couleur & ajustemens mondains, l'vsage de toutes sortes d'armes, & principalement des armes à feu sans vne pressante necessité, l'exercice de la chasse, la hantise & frequentation des Academies, & les Ieux de l'arc & de l'arbaleste, de de longue paulme ; & tous autres qui ſe font en des Iardins, & lieux publics.

Nous exhortons tous Eccleſiaſtiques de noſtre Dioceſe de ne retenir chez eux aucunes femmes, ſi elles ne ſont proches parentes : & leur defendons d'en garder aucune qui ſoit ſcandaleuſe, mal notée, ou qui n'ait atteint l'âge de cinquante ans ; meſme celles de cét âge qu'ils ont eu chez eux pendant qu'elles eſtoient jeunes, ſous peine aux contreuenans de cent liures d'amande pour la premiere fois, de deux cents liures pour la ſeconde, & de priuation de Benefice pour la troiſieſme. Leur deffendons pareillement d'aller aux cabarets és lieux de leurs demeures, ny à vne lieuë prés, à peine de dix liures d'amande pour la premiere fois, de vingt pour la ſeconde, & de ſuſpenſion, *ipſo facto*, pour la troiſieſme.

Nous deffendons à tous Preſtres, ſous peine de cinquante liures d'amande, & autres de Droit de reconnoiſtre, tant en demandant qu'en deffendant, la Iuſtice ſeculiere pour actions purement perſonnelles, injures, debats & voyes de fait, retributions pour le ſeruice diuin & adminiſtration des Sacremens, portion congruë, diſmes au petitoire tant groſſes que menuës, & autres choſes purement ſpirituelles & Eccleſiaſtiques.

Nous ordonnons qu'en toutes les Paroiſſes & Secours de noſtre Dioceſe il y aura trois Regiſtres, l'vn pour les Bapteſmes, l'autre pour les Mariages, & le troiſieſme pour les mortuaires. Deſquels Regiſtres

les Curez apporteront des copies exactement tranf-
crites & fignées d'eux, aux jours des Synodes, pour
eftre mifes au Greffe de l'Officialité, & y auoir re-
cours au befoin.

DE L'ADMINISTRATION DV BIEN
temporel des Eglifes.

POvr l'adminiftration du reuenu des Eglifes, les
Curez tiendront la main à ce qu'on choififfe des
Marguilliers foluables & de probité, dont l'eflection
fe fera fans brigue, en leur prefence & celle des Paroiffiens, à la pluralité des voix. Deffendons fous peine d'excommunication, à ceux qui ont droit de don-
ner leur fuffrage, de nommer pour Marguilliers les
Afféeurs ou Collecteurs des fubfides ou Syndics &
Procureurs de Commune.

Nous enjoignons aux Curez d'auoir foin que les
comptes foient veus & examinez tous les ans en leur
prefence & celle des Paroiffiens, qui en feront
auertis au Profne, & que les Marguilliers les tiennent
prefts pour eftre reprefentez & rendus pardeuant
Nous au cours de noftre vifite, ou nos grands Vicaires ou Archidiacres, & de ne fouffrir qu'ils foient
rendus pardeuant les Iuges feculiers.

Les Marguilliers n'employeront aucuns deniers de
l'Eglife pour la Commune, fous peine d'excommunication. Ils ne pourront faire aucune defpenfe qui
excede quarante fols fans l'auis du Curé, ny au deffus

de douze liures que du confentement du Curé & des
Paroiffiens. Ils ne pourront vendre ny aliener aucun
bien de l'Eglife, mefme du confentement du Curé
fans noftre permiffion, fous peine d'excommunication, & de nullité.

Nous excommunions tous ceux qui detiennent
injuftement le bien de l'Eglife, & qui en cachent &
latitent les Tiltres & enfeignemens, dont Nous voulons qu'inuentaire foit fait dans toutes les Paroiffes,
auffi bien que des meubles & immeubles apparte-
nans à la Cure & à la Fabrique, pour eftre tant lefdits
Tiltres & papiers que ledit Inuentaire confiez à la
garde & au foin du Curé & du principal Marguillier.

Le reuenu des Hofpitaux eftant le patrimoine des
pauures, ne peut eftre legitimement employé que
pour fubuenir à leurs neceffitez, & entretenir lefdits
lieux conformément à l'intention des Fondateurs:
& deffendons fous peine d'excommunication, *ipfo
facto*, d'en diuertir les deniers à l'acquit des charges
publiques,& pour des affaires de Ville & de Commu-
nauté, & encore moins à des vfages particuliers au
prejudice des pauures & de l'eftabliffement defdits
Hofpitaux.

REGLEMENS POVR LES RELIGIEVSES.

NOvs ordonnons à toutes les Religieufes de noftre Diocefe, mefme Abbeffes & Superieures de
garder eftroitemens la clofture, & leur deffendons de

fortir fous aucun pretexte, ny en aucune façon hors l'enceinte de leurs Monafteres, ny d'y faire entrer aucune perfonne de quelque âge, fexe & condition qu'elle foit, fans caufe legitime & approuuée deNous, fous peine d'excommunication qu'encourreront en ce faifant tant les Religieufes qui contreuiendront à cette Ordonnance, que ceux qui entreront dans lef-dits Monafteres & Maifons religieufes fans noftre permiffion, conformément aux faints Canons.

Nous deffendons à toutes Superieures de Reli-gieufes, Abbeffes, Prieures & autres, à peine de fuf-penfion à encourir de fait, de receuoir aucune Reli-gieufe à vefture & profeffion, fans eftre auparauant examinée de Nous ou de perfonnes par Nous com-mifes: & leur ordonnons à cet effet de nous en don-ner auis, vn mois auant lefdites veftures & profef-fions.

Nous deffendons pareillement aux mefmes Supe-rieures d'admettre aucun à prefcher en leurs Eglifes que par noftre permiffion expreffe & par efcrit. Et à l'efgard des Confeffeurs ordinaires ou extraordinai-res, Nous leur declarons que le Pape Gregoire XV. par fa Bulle *Inſcrutabili*, de l'an 1622. a ordonné qu'ils feront approuuez de Nous en noftre Diocefe, & re-uoqué tout priuilege à ce contraire.

Nous declarons auffi pour la defcharge de noftre confcience que le Concile de Latran fous Innocent III. deffend à tous Religieux & Religieufes de pren-dre aucun argent pour les veftures & profeffions, de-

clare lefdites veftures & profeffions fimoniaques, pri-
ue les Superieurs & Superieures de leurs charges, or-
donne qu'ils feront chaffez du Monaftere, & oblige
les Euefques de publier tous les ans cette fainte Ordonnance dans leurs Dioceses. Declarons que ladite
Ordonnance s'entend des Monafteres fondez &
dottez, dans lefquels nous defendons de receuoir
plus grand nombre de Religieux ou Religieufes
qu'il n'eft porté par la fondation, ou que le reuenu
peut fouffrir pour viure & fubfifter honneftement.

NOvs renouuelons & confirmons les anciens
Statuts & autres Reglemens faits par nos Pre-
deceffeurs, Simon de Bucy, Symphorian de Bullion,
Charles de Rouci, Hierofme Hannequin & feu Mef-
fire Simon le Gras, d'heureufe memoire, fans y déro-
ger par les prefents : voulons qu'ils foient inuiolable-
ment gardez, auffi bien que ceux-cy fous les peines
de Droit, & ordonnons qu'ils foient redigez en
corps, & imprimez à la diligence de noftre Promoteur, à ce que perfonne ne les ignore.

Nous auons reuoqué & reuoquons tout pouuoir
de prefcher & confeffer dans noftre Diocefe, s'il n'eft
de Nous expreffement par efcrit, conformément à
l'ordonnance couchée cy-deffus : Comme auffi d'ab-
foudre des cas à Nous referuez, de dire deux Meffes
le jour, & toutes autres graces & commiffions cy-
deuant accordées : nommons pour noftre grand Pe-

nitentier Maiſtre Paul Moreau Docteur de Sorbonne & noſtre Archidiacre de Tardenois, & pour ſous-Penitentiers Maiſtre Louïs Pottier & Maiſtre Iean Bachelier Licentiez és Loix, Chanoines de noſtre Egliſe Cathedrale, auſquels ſeuls donnons le pouuoir d'abſoudre des cas à Nous reſeruez. Et aurons ſoin de pouruoir aux beſoins de ceux de la Campagne, qui ſont eſloignez de cette ville de Soiſſons.

Le Reglement cy-deſſus a eſté leu & publié au Synode dernier, le 5. Iuin, 1658.

F I N.

9 782329 624860